基于"西控"发展战略的大邑县乡村公路建设技术导则(试行)

主编部门：大 邑 县 交 通 运 输 局
　　　　　成 都 市 交 通 规 划 勘 察 设 计 院
批准部门：大 邑 县 人 民 政 府
施行日期：２０１８年１２月１日

西南交通大学出版社

2018　成都

图书在版编目（CIP）数据

基于"西控"发展战略的大邑县乡村公路建设技术导则：试行 / 大邑县交通运输局，成都市交通规划勘察设计院主编. —成都：西南交通大学出版社，2018.9
ISBN 978-7-5643-6229-4

Ⅰ. ①基… Ⅱ. ①大… ②成… Ⅲ. ①农村道路－道路建设－研究－大邑县 Ⅳ. ①U415

中国版本图书馆 CIP 数据核字（2018）第 126150 号

基于"西控"发展战略的大邑县乡村公路建设技术导则（试行）

主编　大邑县交通运输局
　　　成都市交通规划勘察设计院

责任编辑	杨　勇
助理编辑	王同晓
封面设计	何东琳设计工作室
出版发行	西南交通大学出版社 （四川省成都市二环路北一段 111 号 西南交通大学创新大厦 21 楼）
发行部电话	028-87600564　028-87600533
邮政编码	610031
网　　址	http://www.xnjdcbs.com
印　　刷	四川煤田地质制图印刷厂
成品尺寸	145 mm × 208 mm
印　　张	3.125
字　　数	74 千
版　　次	2018 年 9 月第 1 版
印　　次	2018 年 9 月第 1 次
书　　号	ISBN 978-7-5643-6229-4
定　　价	25.00 元

图书如有印装质量问题　本社负责退换
版权所有　盗版必究　举报电话：028-87600562

大邑县人民政府
关于同意公布实施基于"西控"发展战略的
大邑县乡村公路建设技术导则(试行)的批复

大邑府函〔2018〕24号

大邑县交通运输局:

　　你局《关于报请审定并公布实施〈基于"西控"发展战略的大邑县乡村公路建设技术导则(试行)〉的请示》(大交〔2018〕8号)收悉。经县政府研究,原则同意《基于"西控"发展战略的大邑县乡村公路建设技术导则(试行)》。请按有关规定认真组织实施。

　　特此批复。

大邑县人民政府
2018年2月5日

前 言

截至 2017 年 12 月底，大邑县境内公路总里程 1 540 km，其中乡道 634 km、村道 611 km，占全县公路总里程的 80.8%。为适应大邑乡村公路建设发展的需要，提高大邑乡村公路建设质量和服务水平，编制组根据"西控"背景的新要求，结合大邑实际编制了《基于"西控"发展战略的大邑县乡村公路建设技术导则（试行）》，为大邑乡村公路科学发展提供技术指导。

本导则吸取了成都市农村公路设计和建设的成功经验，参考了"川九路"生态改造成功范例，从技术标准、设计原则、指标运用、工程技术措施等多方面，对新建及改（扩）建乡村公路的规划、设计进行规范和统一。

本导则共 10 章和 7 个附录，主要内容包括：总则，技术标准及选用，总体设计，路线，路基、路面，桥涵，路线交叉，交通安全设施，旅游服务设施及慢行系统，环保景观。

本导则由大邑县交通运输局负责管理和解释。

在执行过程中如有意见和建议，请寄送至成都市交通规划勘察设计院（地址：成都市盛和一路 66 号；邮编：610041）。

主 编 单 位：大邑县交通运输局
　　　　　　成都市交通规划勘察设计院
主要起草人：杨成贵　肖　锋　王继康　陈建伟
　　　　　　曾　科　孙发科　赵其彬　蔡　春
　　　　　　韦世豪　张　毅　王玥涛　宁佐均
　　　　　　吴建军　邓大勇　宋　飞　徐　伟

　　　　　　　　　于文军　　曾大刚　　刘珈旭
主要审查人： 王剑平　　张　磊
　　　　　　　　专家评审委员会
主　　任： 刘卫东　教授级高级工程师　路基路面专业
成　　员： 游励晖　教授级高级工程师　桥涵专业
　　　　　　钟永红　高级工程师　　　　路基路面专业
　　　　　　李光明　高级工程师　　　　路基路面专业
　　　　　　赵　通　高级工程师　　　　桥涵专业

目 录

1 总 则 ··· 1
2 技术标准及选用 ··· 3
   2.1 交通量 ·· 3
   2.2 设计速度 ··· 3
   2.3 公路建筑限界 ·· 3
   2.4 路基宽度 ··· 4
   2.5 汽车荷载 ··· 5
   2.6 公路用地范围 ·· 5
3 总体设计 ··· 6
   3.1 总体设计原则 ·· 6
   3.2 主体与其他分项工程协调设计 ······················ 7
4 路线 ··· 9
5 路基、路面 ·· 13
   5.1 路基、路面设计原则 ·································· 13
   5.2 路基标准横断面 ·· 14
   5.3 填方路基 ·· 16
   5.4 土路肩形式 ··· 19
   5.5 路基防护与支挡 ·· 20
   5.6 路基路面排水 ··· 24
   5.7 路面 ··· 25
6 桥 涵 ··· 30
   6.1 一般规定 ·· 30

6.2　桥涵分类 …………………………………………… 31
　　6.3　桥跨布置及上、下部结构选型 …………………… 32
　　6.4　附属设施 …………………………………………… 33
　　6.5　涵洞 ………………………………………………… 35
　　6.6　抗震设计及措施 …………………………………… 36
　　6.7　耐久性设计及措施 ………………………………… 37
　　6.8　改扩建道路桥涵 …………………………………… 37
7　路线交叉 ……………………………………………………… 38
　　7.1　乡村公路与公路平面交叉 ………………………… 38
　　7.2　乡村公路与高等级公路立体交叉 ………………… 43
　　7.3　乡村公路与管线交叉 ……………………………… 44
8　交通安全设施 ………………………………………………… 46
　　8.1　一般规定 …………………………………………… 46
　　8.2　交通标志 …………………………………………… 46
　　8.3　护栏 ………………………………………………… 49
　　8.4　其他安全设施 ……………………………………… 50
9　旅游服务设施及慢行系统 …………………………………… 51
　　9.1　一般规定 …………………………………………… 51
　　9.2　公交停靠站 ………………………………………… 51
　　9.3　路侧观景台 ………………………………………… 52
　　9.4　自驾车露营地 ……………………………………… 53
　　9.5　自行车骑游道 ……………………………………… 53
10　环保景观 ……………………………………………………… 56
　　10.1　环保与景观设计原则 ……………………………… 56
　　10.2　公路环保设计 ……………………………………… 56

10.3　公路景观设计 …………………………………… 58
附录 A　公路限界尺寸 ……………………………………… 61
附录 B　乡村公路路线设计技术指标 ……………………… 62
附录 C　平曲线加宽 ………………………………………… 65
附录 D　技术指标运用要点参考 …………………………… 66
附录 E　路基压实度 ………………………………………… 68
附录 F　挖方边坡分级及坡率 ……………………………… 69
附录 G　案例介绍 …………………………………………… 70
本标准用词说明 ……………………………………………… 87
引用标准名录 ………………………………………………… 89

1 总 则

1.0.1 编制目的：为规范和指导大邑县乡村公路规划、设计，统一其技术标准、设计原则及主要技术指标，进一步提高乡村公路建设质量和服务水平，结合大邑县实际制定本导则。

1.0.2 适用范围：本导则适用于大邑县域范围内乡村公路的新建和改（扩）建工程。

1.0.3 乡村公路的分类：

1 乡级公路：服务于乡（镇）内部经济、文化、行政的公路，以及不属于县道以上公路的乡与乡之间及乡与外部联络的公路。

2 村级公路：不属于乡道及以上的，直接为农业生产、农民出行服务，并经确定为村级的公路。

1.0.4 建设原则应遵循以下要求：

1 乡村公路建设应合理选用技术等级和技术指标，确保使用寿命，提高抗灾能力，提升服务水平。

2 乡村公路建设应坚持"统筹规划、分级负责、因地制宜、经济适用、注重安全、绿色环保"的原则。

3 乡村公路建设应与当地扶贫开发、农业生产、产业发展相结合。

4 乡村公路建设应与全域旅游、产业发展规划相结合，根据需求设置慢行系统。

5 乡村公路建设应贯彻"生态环保、资源节约"理念，促进交通可持续发展。在满足规范标准的前提下，使公路尽量与地形相拟合，路基尽可能避免高填深挖，以减少对自然生态环境的破坏。

6 乡村公路新建项目，各项技术指标必须满足本导则要求；山区改扩建项目对既有公路线形原则上不做大的调整，但必须改善行车视距、完善交通安全设施。

7 乡村公路的改扩建要充分利用既有旧路资源，减少占地，着重提高路面等级，完善防排水及交通安全设施，确保运营安全，提高通行能力。

8 乡村公路过村镇路段应与村镇规划建设相结合，提高综合服务水平。

1.0.5 原则上同一条道路应采用一致的设计标准（道路等级、设计速度、路基宽度等）。对于实施难度大、投资较高的地区可根据农村经济发展水平和出行需求视情况采用不同的技术标准，但不同技术标准的变更点应选择在驾驶人员容易判断路况变化的地形变化处或路线交叉点，并设置警示标志。

1.0.6 本导则未尽之处，应按国家及地方相关法律、法规、标准、规范及文件中的有关规定执行。

2 技术标准及选用

2.1 交通量

2.1.1 乡村公路的设计交通量可按 15 年预测,预测交通量供设计参考。

2.2 设计速度

2.2.1 根据大邑县地形,各级公路的设计速度应符合表 2.2.1 的规定。

表 2.2.1 设计速度表

公路等级	乡级公路			村级公路		
地形分类	平原	丘陵	山区	平原	丘陵	山区
公路技术等级	三级　四级	四级	四级	四级	四级或基本通行级	基本通行级
设计速度/(km/h)	40　30(30)(20)	30(20)	30(20)	30(20)	20(15)	15

注:括号中数值为受地形限制的特殊困难路段采用

2.3 公路建筑限界

2.3.1 公路建筑限界应符合附表 A 的规定。

2.4 路基宽度

2.4.1 各级公路的路基宽度应符合表 2.4.1 的规定。

表 2.4.1 路基宽度表

公路类别	乡村公路					
设计速度/(km/h)	40	30	20		15	
车道数	2	2	2	1	2	1
路基宽度/m	8.50	7.50	6.50	4.50	6.50	4.50
路面宽度/m	7.00	6.50	6.00	3.50	6.00	3.50
路肩宽度/m	0.75	0.50	0.25	0.50	0.25	0.50

注：
1. 场镇、规划区路段，有条件应设置人行道。
2. 改建基本通行级公路的受限路段，路基宽度不得低于 4.0 m，保证路面有效宽度 3.5 m。
3. 路侧护栏应位于公路土路肩内，护栏面可与土路肩左侧边缘线或路缘石左侧立面重合，立柱外侧土路肩保护层厚度不应小于 25 cm，土路肩宽度不足时，设置护栏路段一侧路基应加宽。
4. 乡村公路路基宽度采用 4.5 m 时，应在通视范围内选择有利地点设置错车道，尽可能保证相邻错车道间距不大于 300 m。错车道处的路基宽度不小于 5.5 m，有效长度一般不小于 10 m，如图 2.4.1 所示。

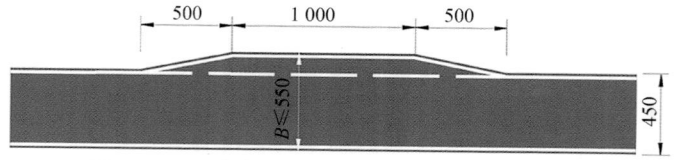

图 2.4.1 错车道布置示例图（单位：cm）

5. 通客运班车的乡村公路，应按照"站路一体化"的要求，适当加宽站点位置路基路面宽度。
6. 单车道路基，路面结构应铺筑至土路肩外缘。

2.5 汽车荷载

2.5.1 本导则乡村公路桥涵设计的汽车荷载等级全部采用公路-Ⅰ级。

2.6 公路用地范围

2.6.1 乡村公路用地范围为公路路堤两侧排水沟外边缘（无排水沟时为路堤或护坡道坡脚）以外，或路堑坡顶截水沟外边缘（无截水沟时为坡顶）以外 1 m 范围内的土地。

3 总体设计

3.1 总体设计原则

3.1.1 乡村公路设计必须在遵循公路总体设计理念的基础上坚持以下原则：

1 坚持可持续发展原则，在公路总体设计中尊重自然、保护环境、减少占地。强调公路本身的"线内景观"设计。力求公路与周围地形、环境相协调，技术指标连续顺畅，如图 3.1.1-1。

图 3.1.1-1 公路与周围环境相协调示例图

2 坚持因地制宜分类实施原则，综合考虑当地经济社会需求，结合当地农业产业分布、规划和路网功能定位，因地制宜确定发展重点、建设规模和技术标准等，如图 3.1.1-2。解决好群众基本出行、提高道路通行服务能力。

图 3.1.1-2 公路因地制宜示例图

3 坚持安全性和经济合理原则，在各专业设计中做好设计方案的评比优选，不片面追求高标准，灵活运用技术指标，在确保安全性的前提下，力求控制规模减小工程量。

3.2 主体与其他分项工程协调设计

3.2.1 与交安设施协调设计应做到以下几点：

1 路线设计应通过行车视距检验，对不满足要求的视距予以切除和保证；对受地形、地物限制不能满足相应技术指标及视距要求的路段，提出交通安全设计及管理措施意见，提交交安设施优化设计方案。

2 填方路堤边坡及路肩支挡结构物地段因设置护栏加宽及其工程数量，归口和纳入主体工程统一设计和实施。

3 桥梁、路肩支挡结构物上设置护栏的基础预埋及孔洞预留等由交安设施统一设计，纳入主体工程统一实施。

3.2.2 与服务设施协调设计应做到以下几点：

1 服务设施设置的位置、方案及规模应与主体工程协调设计。

2 服务设施的场坪路基、路面、桥涵工程归口和纳入主体工程统一设计和实施。服务设施的建筑工程纳入服务设施设计和实施。

3.2.3 与环保及景观协调设计应做到：路基边坡工程防护由主体工程设计，边坡绿化及措施、路域范围绿化及景观等由环保及景观设计，一并纳入主体工程统一实施，利于土建工程与环境保护同步实施。

4 路线

4.0.1 线形指标的运用原则：在保证安全性的前提下，路线设计遵循"随弯就势、指标灵活、保护环境、节约资源"的原则，不应简单机械地套用标准，如图 4.0.1。技术指标运用的基本原则是：主要指标强制执行，特殊路段次要指标灵活运用。技术指标运用详见附表 D。

（a）平面线形随弯就势示例图

（b）平面线形连续示例图

图 4.0.1

4.0.2 乡村公路行车视距应符合附表 B 的要求，三、四级公路的行车视距，应满足会车视距要求，其长度应不小于停车视距的 2 倍；满足超车视距的路段不宜小于路线总长度的 10%，如图 4.0.2。

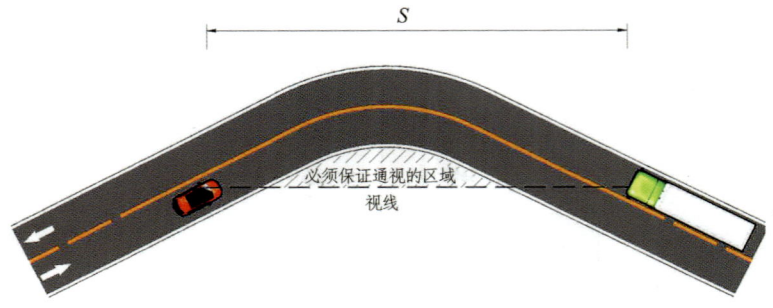

（a）平面曲线影响行车视距示例图

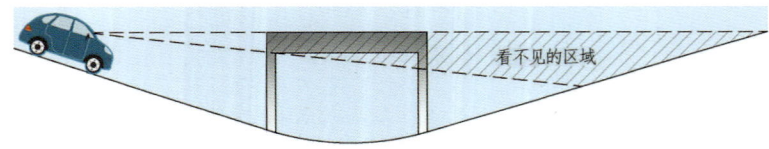

（b）纵面断面凹形竖曲线影响行车视距示例图

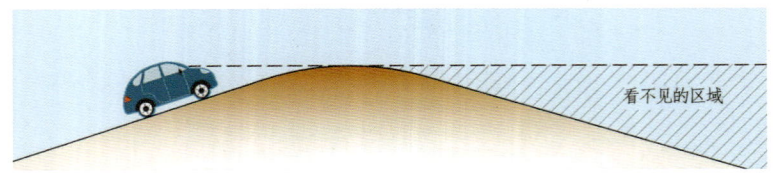

（c）纵面断面凸形竖曲线影响行车视距示例图

图 4.0.2

4.0.3 乡村公路圆曲线半径不宜过小，圆曲线最小半径应符合附表 B 的要求。

4.0.4 圆曲线半径小于规定的不设超高最小半径时，应设置超高。圆曲线超高应符合下列规定：

1 一般地区，圆曲线最大超高不应超过 8%。

2 积雪冰冻地区，圆曲线最大超高不应超过 6%。

3 城镇区域或三轮车较多的公路，圆曲线最大超高可采用 4%。

4.0.5 各级乡村公路的圆曲线半径小于或等于 250 m 时，应在平曲线内侧加宽，其加宽值应符合附表 C 的规定。

4.0.6 最大纵坡应符合附表 B 的规定：

1 积雪冰冻地区最大纵坡不应大于 8%。

2 设计速度 40 km/h、30 km/h、20 km/h 的改建公路，对利用既有旧路的路段，受地形、地质等因素影响，经安全、经济、技术论证，最大纵坡值可增加 1%～2%。设计速度为 15 km/h 的改建公路，最大纵坡不宜大于 12%。

3 四级、基本通行级公路越岭路线连续上（下）坡路段，平均纵坡不应大于 5.5%，且任意连续 3 km 路段的平均纵坡不应大于 5.5%。

4.0.7 山区乡村公路纵坡较大时，宜采用回头曲线展线，如图 4.0.7。两相邻回头曲线之间的距离：设计速度为 40 km/h、30 km/h、20 km/h、15 km/h 时，应分别不小于 200 m、150 m、100 m、50 m。回头曲线技术指标可按附表 B 采用。

4.0.8 线形组合设计

设计速度为 40 km/h、30 km/h 的乡村公路可参照执行现行行业标准《公路路线设计规范》JTG D20 对平、纵线形组合设计的要求，设计速度不大于 20 km/h 的改建乡村公路可不受此限制。

图 4.0.7 回头曲线展线示例图

5 路基、路面

5.1 路基、路面设计原则

5.1.1 路基、路面应根据使用功能、技术等级和交通量情况，结合大邑县自然条件和当地习惯性施工方法进行综合设计，保证其具有足够的强度、稳定性与经济性。

5.1.2 路基的断面形式，应与沿线自然环境相互协调，避免高填深挖，如图 5.1.2。

（a）路基浅填示例图　　　（b）路基浅挖示例图

图 5.1.2

5.1.3 通过不良地质、特殊岩土的路段必需查明其规模及对公路的危害程度，结合当地实践经验，综合处理。

5.1.4 路基一般按照填挖平衡的原则进行设计，当出现大量弃方时应设置专门的弃土场，严禁就地弃渣。

5.1.5 路基应重视排水设施的设计，对影响路基强度和稳定的地表水和地下水，必须采取拦截及排除的措施，形成完善的排水系统。

5.1.6 路基防护应按照工程与植物防护相结合的原则，宜优先采用植物生态防护。

5.2 路基标准横断面

5.2.1 乡道路基横断面的三种标准断面如图5.2.1所示。

（a）Ⅰ设计速度40 km/h（单位：cm）

（b）Ⅱ设计速度30 km/h（单位：cm）

(c) Ⅲ 设计速度 20 km/h（单位：cm）

图 5.2.1 乡道路基横断面

5.2.2 村道路基横断面的三种标准断面如图 5.2.2 所示。

(a) Ⅰ 设计速度 20 km/h（单位：cm）

（b）Ⅱ设计速度 15 km/h（单位：cm）

图 5.2.2 村道路基横断面

5.3 填方路基

5.3.1 路床填料及压实度应满足下列要求：

1 路床应处于干燥和中湿状态，否则应采取换填、引排地表及地下水等工程措施。

2 路床填料应均匀。填料最大粒径、强度应符合现行行业标准《公路路基设计规范》JTG D30 的规定，压实度符合附表 E 规定。

3 平原区填方及挖方上路床范围应设置透水性垫层，有条件时尽量采用透水性材料，厚度 0.3 m。

4 平原区零填挖地段下路床应采用级配良好的透水性填料处理其厚度：村道宜不小于 0.3 m；乡道宜不小于 0.5m，应优先利用路基挖方中的透水性填料，如图 5.3.1 所示。

（a）透水性材料填筑分层填筑

（b）路基分层填筑

图 5.3.1

5.3.2 路堤填料及压实度应满足下列要求：

1 路堤填料最大粒径、强度及压实度应符合规范规定，优先利用路基挖方中级配较好的砾类土、砂类土、弱风化岩石等。有机耕植土、淤泥、膨胀土、含水量较大的坡积、冲洪积土、泥岩强风化层等不得作为路堤填料。

2 路堤填料应均匀。填料最大粒径、强度及压实度应符合现行行业标准《公路路基设计规范》JTG D30 的规定，压实度符合附表 E 规定。

5.3.3 填挖方高度控制应满足下列要求：

1 平原微丘区公路以低填为主，除受设计洪水频率、道路控制点高程、桥梁净高等因素限制以外，填方高度一般应控制在 1 m 以内，如图 5.3.3-1 所示。

图 5.3.3-1 平原区路基填方高度示例图

2 山岭重丘区填方边坡高度应控制在 10 m 以内，当填方边坡高度大于 10 m 时应对填方压实、边坡坡率、防护及排水进行工点综合设计，如图 5.3.3-2 所示。

图 5.3.3-2 山区路基填方高度示例图

3 挖方路基挖方边坡宜采用较低的高度，为节约工程投资，减少次生灾害发生，土质挖方边坡高度不宜大于 10 m，岩质挖方边坡高度不宜大于 15 m，挖方边坡分级及坡率按附表 F 采用。

（a）　　　　　　　　　　（b）

图 5.3.3-3　岩质挖方边坡坡高控制示例图

5.4　土路肩形式

5.4.1　为使公路简洁美观，土路肩可硬化处理。宜采用浆砌砼预制块材料，预制块尺寸宜按长 50 cm、宽 25 cm、厚 15 cm 设置。如图 5.4.1 所示。

图 5.4.1　土路肩硬化示例图

5.4.2 对于建设用地指标有限的乡村公路，土路肩均采用植草绿化，提升郊区公路景观效果，但必须满足路面排水要求，如图5.4.2所示。

图 5.4.2　土路肩植草示例图

5.5　路基防护与支挡

5.5.1　路基防护与支挡一般规定如下：

1　乡村公路路基防护应按照工程与植物防护相结合的原则，宜优先采用植物生态防护。

2　工程和植物防护均应设置在稳定、无地质病害的边坡上，工程防护主要针对汇排水量较大的坡面合理设置，其构造应结合坡面汇排水、植物绿化进行综合设计，避免和减少坡面遭受雨水冲刷。

3　平原区支挡结构应采用卵石混凝土材料，混凝土强度应不低于C20；山岭开挖石料丰富的地区支挡结构应就地取材采用浆砌片石、浆砌块石。

4　支挡结构物应与路基边坡及其他构造物、桥梁涵洞结构物相互配合,衔接顺适,与周围环境及景观相协调。

5.5.2 边坡防护与绿化一般规定如下:

1 填方边坡坡面一般采用播撒草籽绿化。

2 挖方边坡防护宜做到以下几点:

1)块状岩边坡上植物难以成活及生长,无风化掉块现象宜自然裸露。如存在危害行车安全的掉块现象,宜采用主动网防护。

2)土质及散体岩挖方边坡应在完善路基排水、减少坡面冲刷的基础上,优先采用植物生态绿化,生态绿化方式可根据边坡坡率按表5.5.2选用。

表5.5.2 挖方边坡及植物生态绿化方式

挖方边坡坡率	植物生态绿化方式(图5.5.2)
1:1.5~1:2.25	直接撒播草籽或液压喷播植草
1:1.0~1:1.25	挂三维植被网喷播植草
1:0.5~1:0.75	挂铁丝网喷播植草

(a)喷播植草防护示例图　　(b)生态袋防护示例图

(c）挂三维网喷播植草示例图

（d）挂铁丝网喷播植草示例图

图 5.5.2 植物生态绿化方式

5.5.3 支挡结构物应满足下列要求：

1 填方路基支挡结构物布设：斜坡、陡坡路堤路肩与地面高差较小时采用护肩支挡，护肩高度应不大于 3 m；较高时应设置路肩挡土墙。填方路基受地物限制，为避免拆迁，可根据具体情况设置路肩挡土墙或路堤挡土墙，如图 5.5.3-1 所示。

（a）斜坡上设置路肩墙示例图　　（b）沟渠边设置路肩墙示例图

图 5.5.3-1

2 挖方路基支挡构造物布设：挖方路基应尽量避免设置路堑挡土墙，以免对驾驶人员造成压抑感。如因处治不良地质的特殊路基必须设置路堑挡土墙时，应尽可能降低挡土墙高度；对于新建土贡（松散）边坡坡脚设置矮路堑墙，高度不高于 1.2 m，如图 5.5.3-2 所示。

（a）浆砌卵石路堑墙示例图　　（b）格槟路堑墙示例图

图 5.5.3-2

3 支挡构造物修饰美化：山区或丘陵区位于驾驶人员视线范围内的路基支挡结构，宜采用砌体结构，同时应进行饰面处理，如图 5.5.3-3 所示。

（a）浆砌片石勾缝示例图

（b）浆砌条（块）石勾缝示例图

（c）随意砌勾缝示意图

（d）选择性饰面勾缝示意图

图 5.5.3-3

5.6 路基路面排水

5.6.1 路基排水设计原则应满足下列要求：

1 乡村公路路基应设置完善的路基排水系统，与路基边坡、路面及桥涵排水系统、公路景观相互协调，与沿线自然排水系统、农田耕地灌溉系统相互协调，并应符合沿线鱼塘养殖要求。

2 根据大邑县的降雨量和地形特点，水沟沟型尺寸的采用应根据路基宽度、边沟汇流长度、农田灌溉、泄洪沟渠等有机结合，综合确定。一般采用 40 cm（宽）×40 cm（深）或 30 cm（宽）×30 cm（深）。

3 边沟纵坡一般宜与路线纵坡一致,并不小于0.3%。

4 水沟断面类型一般采用梯形、矩形,对于有旅游公路功能的乡村公路边沟宜采用蝶形边沟并进行绿化,以达到美化效果,如图 5.6.1 所示。

5 水沟宜采用浆砌卵石或现浇混凝土形式。

 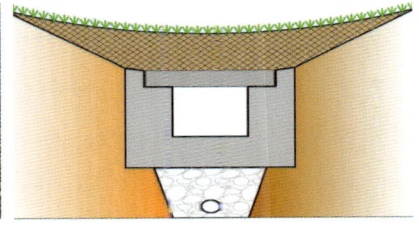

（a）梯形边沟示例图　　　　（b）生态边沟示例图

图 5.6.1

5.6.2 填方路基排水应满足下列要求:

1 水田、菜地地段填方坡脚应设置排水沟,并兼顾灌溉系统。

2 坡地地段坡脚可不设排水沟。

5.6.3 挖方路基排水应满足下列要求:

1 挖方靠山侧应设置边沟排除坡面水及路面水。

2 场镇段应在路侧设置排水边沟,边沟宜采用盖板边沟形式。

5.7 路面

5.7.1 路面设计的一般规定如下:

1 路面设计应遵循耐久、平整、抗滑、舒适的原则。

2 路面结构设计标准轴载为双轮组单轴 100 kN,轮胎压力 0.7 MPa。

3 新建路面设计使用年限不宜低于表 5.7.1 的要求。

表 5.7.1 新建公路路面结构设计使用年限表　　单位：年

路面类型	三级公路	四级公路	基本通行级公路
沥青路面	10	8	6
水泥混凝土路面	15	10	8

5.7.2 乡级公路土基回弹模量不小于 30 MPa，村级道路土基回弹模量不小于 25 MPa。不满足要求时，对砂石材料丰富的地区应采取换填砂、砂砾、碎石等透水性材料，砂石材料缺乏地区可采用消石灰、土壤固化剂等措施进行处理。

5.7.3 改建路面加铺利用，设计前应调查原路面的破损状况、检测道路承载能力，对既有路面出现较大沉陷或不均匀沉降开裂、翻浆冒泥等严重破坏状况时，应调查既有路基的病害及不良地质状况、路基填料及压实度等。根据调查检测评定结果，对于既有老路代表弯沉值不符合表 5.7.3 要求的，应对原有路面进行补强处理后方可进行加铺利用。并要求三级公路沥青混凝土加铺层厚度不小于 9 cm，四级公路沥青混凝土加铺层厚度不小于 5 cm。

表 5.7.3 不需要补强的原有老路代表弯沉值要求

公路等级		三级公路	四级	
			双车道	单车道
原有老路改建为沥青混凝土路面、水泥混凝土路面	不需补强的老路代表弯沉值（0.01 mm）	≤50	≤80	≤100

5.7.4 平原区和丘陵区的乡村公路应采用沥青混凝土路面，山区乡村公路有条件时尽量采用沥青混凝土路面，如图 5.7.4 所示。

（a）沥青混凝土路面示例图　　（b）水泥混凝土路面示例图

图 5.7.4

5.7.5 沥青混凝土路面设计的一般规定如下

1 路面厚度：各结构层压实最小厚度与适宜厚度应符合表 5.7.5 的要求。

表 5.7.5　各种结构层压实最小厚度与适宜厚度

结构层类型	结构层最小厚度/cm	适宜厚度/cm
密级配沥青混合料 AC-13	3.5	4～6
密级配沥青混合料 AC-20	5	6～10
水泥稳定碎石	15	18～20
贫混凝土	15	18～24
级配碎石（砾石）	8	10～20

注：1　沥青混凝土路面采用水泥稳定碎石做基层时，基层顶面应设下封层。
　　2　厚度采用 20～25 cm 的半刚性基层、底基层时，须采用特重型的压实设备。
　　3　厚度大于 30 cm 的半刚性基层、底基层，应分层施工。
　　4　半刚性材料薄层设计厚度不得小于 15 cm。

2 路面结构。

1）乡级公路路面结构形式如图 5.7.5-1 所示。

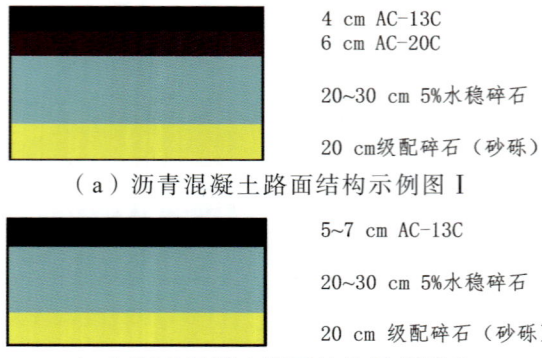

图 5.7.5-1 乡级公路沥青混凝土路面结构

注：重要乡级公路（人口密集、旅游资源丰富的乡镇）、有重型车辆通行需求的厂矿、料场、工业园区对外连接道路宜采用结构图 Ⅰ 所示的路面结构，交通量较小重载车辆少的乡级公路可采用结构图 Ⅱ 所示的路面结构。

2）村级公路路面结构形式如图 5.7.5-2 所示。

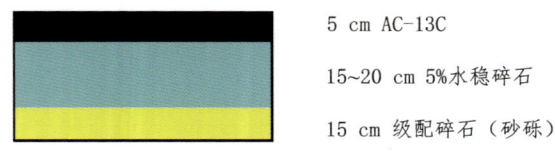

图 5.7.5-2 村级公路沥青混凝土路面结构

5.7.6 水泥混凝土路面设计的一般规定如下：

1 设计强度：村道水泥路面板 28 d 设计弯拉强度标准值不得低于 4.5 MPa。乡道水泥路面板 28 d 设计弯拉强度标准值不得低于 5.0 MPa。

2 路面结构如图 5.7.6 所示。

22~24 cm 水泥混凝土
20~25 cm 5%水泥稳定碎石
20 cm 级配碎石（砂砾）

（a）水泥混凝土路面结构示例图Ⅰ

18~22 cm 水泥混凝土
15~20 cm 5%水稳碎石
15 cm 级配碎石（砂砾）

（b）水泥混凝土路面结构示例图Ⅱ

图 5.7.6 水泥混凝土路面结构

6 桥 涵

6.1 一般规定

6.1.1 桥涵设计应遵循安全、适用、经济、美观和有利环保的原则,并考虑因地制宜、便于施工、就地取材和养护等因素。

6.1.2 山区或丘陵区桥梁宜结合预制、运架梁实施条件及工点规模选择梁部结构类型,缺少预制、运架梁条件或工点规模较小时应选择现浇施工,如图 6.1.2 所示。

（a）桥梁板装配施工示例图　　（b）桥梁板现浇施工示例图

图 6.1.2

6.1.3 桥梁方案选择时,充分考虑施工场地、施工工艺及工期,尽可能有效地利用施工场地和设备,避免设计与施工脱节。选择合理的施工方案,使施工对环境的污染降低到最小,预制场地的布设应考虑地形环境、运输条件、场地的可恢复性等因素,尽量减少对自然环境的不良影响。预制场地、临时道路、便桥工程纳入设计范围。

6.1.4 桥位的选择应保证行车顺适和安全。小桥涵的位置应服从路线走向，大、中桥桥位原则上服从路线的总方向，但应路桥综合考虑。

6.1.5 重视结构耐久性设计，桥梁结构设计应满足现行行业标准《公路工程混凝土结构防腐蚀技术规范》JTG/T B07-01 的要求，以确保结构安全、耐久。

6.1.6 桥涵设计洪水频率应满足表 6.1.6 的要求。

表 6.1.6 桥涵设计洪水频率

公路等级	设计洪水频率				
	特大桥	大桥	中桥	小桥	涵洞及小型排水构造物
二级公路	1/100	1/100	1/100	1/50	1/50
三级公路	1/100	1/100	1/50	1/25	1/25
四级公路	1/100	1/50	1/50	1/25	不做规定
基本级公路	—	1/50	1/50	1/25	

6.1.7 桥涵汽车荷载等级全部采用公路-Ⅰ级荷载，设置人行栏杆的桥梁，应考虑水平抗推荷载，并适当验算车辆冲击、倾覆荷载的极端情况。

6.1.8 乡村公路大中桥桥上纵坡不宜大于 5%，当桥面纵坡超过 4%时，设计应采取相应的安全措施。

6.1.9 乡村公路桥头两端引道线形应与桥上线形相配合，桥头引道纵坡不宜大于 6%。对于混合交通量大的城镇区域的桥梁，其桥上纵坡和桥头引道纵坡均不得大于 3%。

6.1.10 灌溉沟穿越路基挖方段时，应尽量采用渡槽形式。

6.2 桥涵分类

6.2.1 桥涵分类规定如表 6.2.1 所示。

表 6.2.1 桥涵分类表

桥涵分类	多孔跨径总长 L/m	单孔跨径 L_k/m
特大桥	$L>1000$	$L_k>150$
大桥	$100 \leqslant L \leqslant 1000$	$40 \leqslant L_k \leqslant 150$
中桥	$30<L<100$	$20 \leqslant L_k<40$
小桥	$8 \leqslant L \leqslant 30$	$5 \leqslant L_k<20$
涵洞	—	$L_k<5$

注：1 单孔跨径系指标准跨径；
  2 梁式桥、板式桥的多孔跨径总长为多孔标准跨径的总长；
  3 管涵及箱涵不论管径大小、孔数多少，均称为涵洞；
  4 标准跨径：梁式桥、板式桥以两桥墩中线间距或桥墩中线与台背前缘间距为准。

6.3 桥跨布置及上、下部结构选型

6.3.1 跨河桥梁桥面高程应满足设计洪水位，桥梁总长、桥下断面应满足泄洪要求，如图 6.3.1 所示。新建桥梁原则上不得侵占既有河道、沟渠。

图 6.3.1 桥下净空示例图　　图 6.3.2 禁止采用的漫水桥示例图

6.3.2 新建桥梁不得采用漫水桥,如图 6.3.2 所示。

6.3.3 新建大、中桥梁桥面宽度应按双车道及以上考虑。

6.3.4 桥涵跨径宜采用技术成熟、便于施工和养护、经济适用的结构形式,并宜采用标准化跨径。

1 桥梁单跨跨径小于或等于 16 m 时,宜采用空心板,但宽幅桥梁,不得使用空心板;桥梁单跨跨径大于 16 m 时,宜采用 T 形梁或小箱梁,如图 6.3.4 所示。

图 6.3.4　预制装配梁板结构形式示例图

2 现浇梁宜采用钢筋混凝土、预应力混凝土箱梁或板梁。

3 同一项目上部结构形式不宜超过 3 种。

6.3.5 下部结构应根据地形、地质、水文条件合理选型。

1 原则上河道范围内应少设或不设水中墩,无法避免时,不应采用矩形墩且保证桥墩阻水率不大于 8%。

2 涉河及地质条件较差的桥梁宜选用桩基础。桩长应充分考虑河床冲刷影响。

3 桥梁墩台构造设计应满足检查和更换支座等需要。

4 同一项目桩柱直径不宜超过 3 种。

6.4　附属设施

6.4.1 所有桥梁均应设置永久性护栏,同一项目护栏形式应统一。山区低等级公路上的桥梁护栏宜采用混凝土结构护栏，乡镇附近的人口密集区的栏杆宜采用带钢筋混凝土基座的组合式栏杆或石栏杆。

6.4.2 桥面铺装面层形式应与道路路面面层形式保持一致。沥青混凝土桥面铺装层与混凝土调平层或现浇梁桥面板之间须设置防水层。按设计横坡预制的小箱梁架设后，可不设或少设调平层，直接做防水层和沥青砼桥面铺装层。钢筋混凝土调平层厚度不宜小于 8 cm，且不宜大于 12 cm。

6.4.3 所有桥梁均应设置伸缩缝构造，根据分联长度选择合适的伸缩缝。伸缩量不大于 80 mm，宜选用单缝型钢伸缩缝（图 6.4.3-1）；伸缩量大于 80 mm，宜选用模数式伸缩缝（图 6.4.3-2）。两跨以内的桥梁，可设置 1 道伸缩缝，另一侧桥台上采用桥面连续构造。采用沥青混凝土桥面，总跨径（联长）小于 30 m 的中小桥，宜采用弹塑体无缝伸缩缝。

图 6.4.3-1　型钢伸缩缝示例图　　图 6.4.3-2　弹塑体伸缩缝示例图

6.4.4 板式橡胶支座尽量采用氯丁橡胶支座，不宜采用天然橡胶支座。

6.4.5 所有桥梁均应设置横向排水管，一般情况直接排入既有沟渠，跨越既有道路桥梁应设置纵向及竖向排水管，将桥面水引至墩台地面处集中排放。单侧横向排水管设置间距不宜大于 5 m，排水管直径不宜小于 10 cm。

6.4.6 大桥应设立桥梁标牌，注明桥梁名称、跨径、宽度、建成年代、管理者等必要信息。

6.4.7 乡镇附近的人口密集区农村公路桥梁应结合功能需求设置人行道和管线过桥通道。

6.4.8 不得在桥上敷设污水管、压力大于 0.4 MPa 的燃气管、电压超过 10 kV 的电缆和其他可燃、有毒或腐蚀性的液、气体管。

6.5 涵洞

6.5.1 涵洞设置应满足路基排水及泄洪要求，充分考虑农田排灌并与周围灌溉系统衔接，尽量保持原有水系和排灌网络，满足水利配套和农田灌溉的需要。

6.5.2 与路线交叉的通信电缆、输气管道、石油管道、水管等，应设钢筋混凝土盖板涵（图 6.5.2）通过，以方便维修和养护。

图 6.5.2 钢筋混凝土盖板涵示例图

6.5.3 涵洞宜根据当地材料采用经济适用、方便施工与养护的结构形式，宜采用盖板涵和圆管涵（图 6.5.3），盖板涵跨径宜大于 1.5 m，圆管涵孔径宜大于 1.0 m。

图 6.5.3　钢筋混凝土圆管涵示例图

6.5.4 涵洞跨径宜选用标准化跨径。原则上同一项目内涵洞类型不宜过多，一般不超过 3 种，同种类型涵洞跨径不宜超过 3 种。

6.5.5 应重视涵洞进出口设计，根据需要采用八字墙、一字墙、跌水井、急流槽等形式尽量与原沟顺适连接。出口不得直冲房屋、水田。

6.6　抗震设计及措施

6.6.1 墩台帽宽度应保证梁板搁置长度满足规范要求。

6.6.2 适当加大桥墩及其桩基的截面尺寸，加强桥墩及其桩基的钢筋构造，适当加密桥墩桩基箍筋的间距，以增强其刚度及抗弯惯性矩。

6.6.3 适当加大防震挡块的尺寸，加强其钢筋构造，增强其抗剪能力。

6.6.4 在梁板两侧挡块位置及梁端位置设置减震橡胶垫块。

6.7 耐久性设计及措施

6.7.1 构件的钢筋保护层厚度、预应力管道的保护层厚度满足规范要求，避免因保护层厚度不够而产生的露筋甚至锈蚀的情况发生。

6.7.2 上部结构及下部结构所采用的钢筋及混凝土等级，应满足国家及行业相关规定。

6.7.3 当结构分层浇筑或分段浇筑时，层间应按照施工缝处理，加强混凝土结合；对新老混凝土连接部，应进行有效增强结合力的界面处理，除抹界面剂外还应在混凝土表面进行局部防水处理。

6.7.4 加强养护，保持桥面铺装、伸缩缝、锥坡、泄水管等附属设施完好。

6.8 改扩建道路桥涵

6.8.1 改建公路桥梁，应对原桥梁进行检测评定，并依据检测数据开展加固或重建设计，满足改建公路荷载等级要求。

6.8.2 对直接利用的桥涵维持原设计荷载标准，拼接加宽利用的桥涵必须满足现行标准要求。

7 路线交叉

7.1 乡村公路与公路平面交叉

7.1.1 平面交叉的管理方式分为主路优先交叉、信号交叉、无优先交叉三种。

1 当被交叉公路等级较低、交通量较小采用主路优先交叉，如图 7.1.1-1 所示。

图 7.1.1-1 主路优先交叉示例图

2 当各相交公路的功能和等级相同、交通量或行人数量很大时，采用信号交叉，如图 7.1.1-2 所示。

图 7.1.1-2 信号灯、渠化交叉路口示例图

3 当各相交公路的等级很低、交通量不大时，采用无优先交叉，如图 7.1.1-3 所示。

图 7.1.1-3 无优先交叉示例图

7.1.2 设计速度应满足下列要求：

1 在平面交叉范围内，主要公路的设计速度，宜与路段设计速度相同。

2 次要公路因交角等原因改线，或因条件受到限制采用较低线形指标时，可适当降低设计速度。

3 两相交公路的技术等级或交通量相近时，平交范围内的设计速度可适当降低，但不应低于路段的 70%。

4 平面交叉右转弯车道的设计速度不宜大于 40 km/h，左转弯车道的设计速度不宜大于 20 km/h。

7.1.3 线形应满足下列要求：

1 平面线形：相交公路在平面交叉范围内的路段宜采用直线；当采用曲线时，在确保安全和增加工程不大的前提下，应尽量设置较大的平曲线半径和较小的纵坡。平曲线半径应大于一般最小半径。

2 纵断面线形：主要公路在交叉范围内的纵坡应在 0.2%~3% 的范围内，受限路段纵坡不应大于 5%，并做好渠化设计和安全措施；次要公路紧接交叉的引道部分应以 0.5%~2% 的上坡通往交叉。

7.1.4 交叉与岔数应满足下列要求：

1 平面交叉的交角宜为直角，斜交时，交叉角一般不应小于 70°；受地形条件或其他特殊情况限制时，不应小于 45°。

2 同一位置平面交叉岔数不宜多于 5 条，一般应以 3 岔或 4 岔为主。

3 新建乡村公路不应直接与已建的 4 岔或 4 岔以上的平面交叉相连接。

7.1.5 平面交叉的最小间距应满足表 7.1.5 的规定，对不满足平面交叉最小间距要求，但又必须设置的平交，应加强交通安全设计，设置相应的交通安全设施，或采取适当归并措施，如图 7.1.5 所示。

表 7.1.5　平面交叉的最小间距

设计速度/（km/h）	40	30	20	15
间距/m	150	125	100	75

图 7.1.5　归并接道示例图

7.1.6 三级及三级以上公路的平面交叉均应进行渠化设计。

7.1.7 次要公路应设置一段水平路段并加铺与主要公路相同的路面。有路面公路和无路面公路交叉时,无路面公路在距交叉口的 10 m 范围内宜铺设路面。

7.1.8 各级公路平交范围内应进行通视三角区停车视距检验。两条相交的公路间,由各自停车视距所组成的三角区不得存在任何有碍通视的物体,如图 7.1.8 所示。

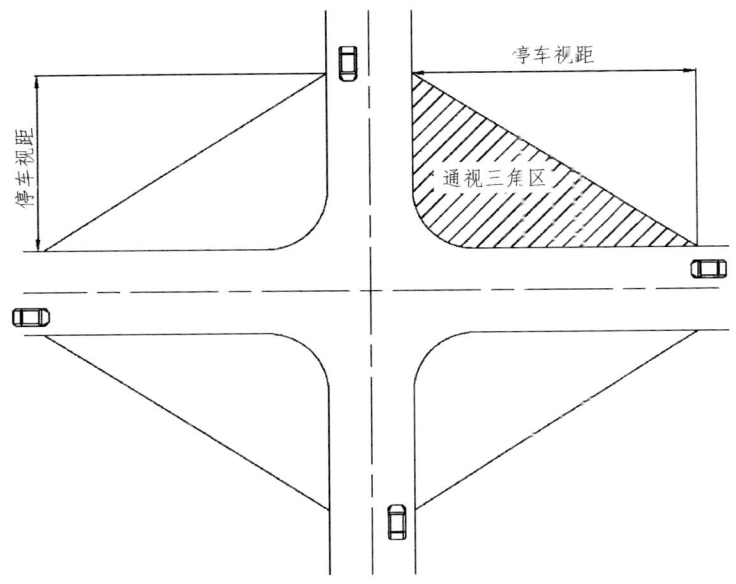

图 7.1.8 十字交叉路口三角区停车视距检验示例图

7.1.9 条件限制不能保证由停车视距所构成的通视三角区时,则应保证主要公路的安全交叉停车视距和次要公路至主要公路车道中心线 5~7 m 所组成的通视三角区,如图 7.1.9 所示。当条件受限制不能保证通视三角区时,应在适当位置设置减速或停车标志。安全交叉停车视距不应小于表 7.1.9 的规定。

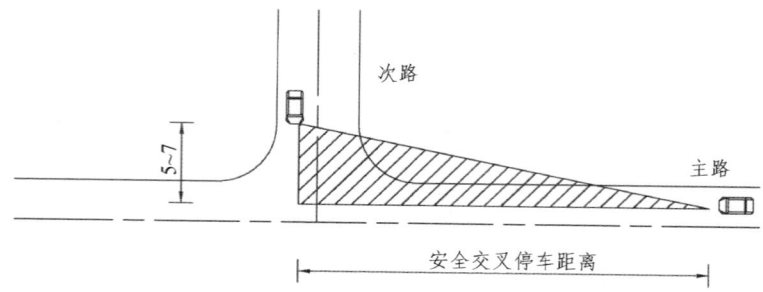

图 7.1.9　T 字路口三角区停车视距检验示例图（单位：m）

表 7.1.9　安全交叉停车视距

设计速度/（km/h）	40	30	20	15
停车视距/m	40	30	20	15
安全交叉停车视距/m	70	55	35	35

7.1.10　单车道乡村公路相交，宜在交叉点两端设置不小于 10 m 的展宽段，展宽段路基宽度不小于 5.5 m，渐变段不小于 5 m，如图 7.1.10。

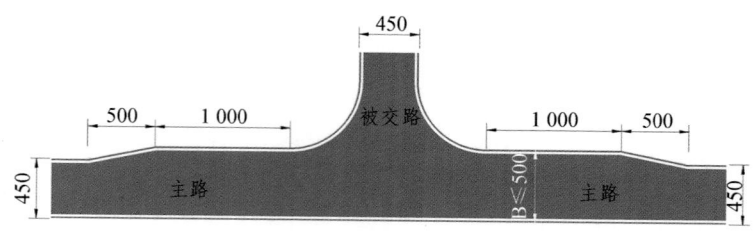

图 7.1.10　T 字路口渐变段示例图（单位：cm）

7.2 乡村公路与高等级公路立体交叉

7.2.1 符合下列条件时设置立体交叉：

1 乡村公路与高速公路交叉时，必须采用立体交叉，如图 7.2.1-1 所示。

图 7.2.1-1　采用分离式立交桥形式与高速公路交叉示例图

2 与快速路交叉时，必须采用立体交叉，如图 7.2.1-2 所示。

图 7.2.1-2　采用分离式立交桥形式与快速路交叉示例图

3 三级公路以上且交通量较大的乡村公路与一级公路

相交叉时，应采用立体交叉。

7.2.2 乡村公路与公路立体交叉的跨线桥，桥下净空应符合被跨公路建筑限界的规定，并应满足桥下公路的视距要求，其结构形式应与周围环境相协调。

7.2.3 乡村公路设置通道时，净空应符合下列规定：

  1 通行拖拉机、畜力车时，通道净高应不小于 3.5 m；通行农用汽车时，通道净高应不小于 4 m。

  2 通道净宽应根据交通量和通行农业机械类型选用，一般应不小于 4 m；通道过长或敷设排水渠时，宜视情况加宽。

  3 人行通道净高应不小于 2.5 m，净宽应不小于 4 m。

7.2.4 车型天桥桥面净宽按交通量和通行农业机械类型可选用 4.5 m 或 7 m，其汽车荷载应符合本导则的规定。

7.3 乡村公路与管线交叉

7.3.1 公路与电信线、电力线、电缆、管道等各种管线交叉时，管线不得侵入公路建筑限界，不得妨碍公路交通安全和人员安全，并不得损害公路的构造和设施。

7.3.2 架空送电线与公路交叉时，宜为正交；必须斜交时，交叉角应大于 45°。架空送电线路跨越公路时，送电线路导线与公路交叉处距路面的最小垂直距离必须符合相应送电线路标称电压规定的要求。

7.3.3 管道与乡村公路交叉且采用下穿方式时，应设置保护涵或套管。保护涵或套管应按相应公路等级的汽车荷载等级进行验算。

7.3.4 新建或改建公路与油气管道交叉时，应选择在管道埋地敷设地段，采用涵洞方式跨越管道；受条件限制时，可采用桥梁方式跨越管道。采用涵洞跨越管道时，交叉角度不应小于30°；采用桥梁跨越管道时，交叉角度不应小于15°。

7.3.5 桥梁跨越油气管道时，两侧桥墩（台）与管道的水平净距不应小于 15 m。

7.3.6 严禁易燃、易爆、高压等管线设施利用或通过乡村公路桥梁和通道，须穿（跨）越的建设单位须事先经交通主管部门同意，影响交通安全的，还须征得有关公安机关的同意。

8 交通安全设施

8.1 一般规定

8.1.1 交通安全设施应按照"安全、经济、环保、有效"的原则，按照国家及部颁标准和规范，因地制宜地设置公路标志、标线、护栏和反光镜等。

8.1.2 交通安全设施应与公路主体工程同步设计、同步施工、同步投入使用。

8.2 交通标志

8.2.1 交通标志的基本颜色、形状、线条、字符、图形、尺寸等应按现行国家标准《道路交通标志和标线 第 2 部分：道路交通标志》GB 5768.2 规定执行。

8.2.2 指路标志主信息文字为汉字，对应文字为英文，英文的使用应符合成都市现行地方标准《公共场所双语标志英文译法 第 1 部分：道路交通和旅游景点部分》DB510100/T 009 的规定。

8.2.3 旅游道路按照现行地方标准《四川省旅游标志标牌设置标准》DB51/T 981 设置专用旅游标志和嵌入式旅游标志，如图 8.2.3 所示。

8.2.4 交通标志的支撑方式应根据交通量、车道数、设计速度、道路宽度等因素综合确定，警告、禁令、指示标志和小尺寸指路标志宜采用单柱式支撑方式，中大型指路标志可采用双柱式、悬臂式、附着式或门架式支撑方式。

（a）专用旅游标志示例图

（b）嵌入式旅游标志示例图

图 8.2.3　旅游标志示例图

8.2.5　对于无信号灯的交叉口应明确区分主路、支路，支路直行应设置停车标志、标线，右转汇入直行车流时应设置让行标志，如图 8.2.5 所示。

图 8.2.5　交叉口支路停车、让行标志示例图

8.2.6　乡村公路急弯、陡坡等危险路段必须设置警示标志，如图 8.2.6 所示。

（a）向左急弯路标志示例图　　　（b）向右急弯路标志示例图

（c）下陡坡标志示例图　　　　　（d）上陡坡标志示例图

图 8.2.6　警示标志示例图

8.3 护栏

8.3.1 路基填方高度大于 4 m、桥头引道、临河、临沟渠、临堰塘、临水库、临悬崖、急弯陡坡等危险路段，应在路侧设置波形护栏、钢筋混凝土护栏或缆索护栏等，公路护栏防撞等级按现行行业标准《公路交通安全设施设计规范》JTG D81 执行。

8.3.2 景观好的地段，宜设置透视效果较好的缆索护栏、仿木护栏，如图 8.3.2。

图 8.3.2　缆索护栏示例图　　图 8.3.3　钢筋混凝土护栏示例图

8.3.3 悬崖、急弯等险要地段应设置钢筋混凝土护栏，如图 8.3.3 所示。

8.3.4 一般地段设置波形梁护栏或滚筒护栏，如图 8.3.4 所示。

（a）傍山险路设置波形护栏示例图　（b）高路堤段设置波形护栏示例图
图 8.3.4

8.4 其他安全设施

8.4.1 地形条件复杂，工程艰巨的傍山险路视距不良的急弯路段，应设置凸面镜，如图 8.4.1 所示。

图 8.4.1 急弯、回头曲线路段设置凸面镜示例图

8.4.2 与交通量大的县道、省道及国道的平面交叉路口、人行横穿道路的路口应设置黄闪灯或施划减速标线，提示车辆减速慢行，如图 8.4.2 所示。

（a） （b）

图 8.4.2 彩色减速标线实景图

9 旅游服务设施及慢行系统

9.1 一般规定

9.1.1 沿线设施应按照"保障安全、提供服务、利于管理"的原则进行设计。

9.2 公交停靠站

9.2.1 乡村公路应结合乡镇规划,在公路沿线居民较为集中的路段、主要交叉路口出口道下游 50~100 m 范围内设置港湾式公交停靠站。港湾式公交停靠站几何尺寸应结合公交车辆的种类、到站频率及地形条件等确定。公共汽车停靠站的设置应符合下列规定:

1 公共汽车停靠站应设置与平纵线形指标较高的路段。主线平纵线形应符合表 9.2.1 的规定,并尽可能设置在纵坡较缓的路段。

表 9.2.1 公共汽车停靠站主线平纵线形

设计速度/(km/h)	40	30	20	15
平曲线半径/m	≥200	≥150	≥150	≥100
纵坡/%	≤3.5	≤4	≤4	≤4

2 公共汽车停靠站宜设为港湾式,应符合图 9.2.1 的规定:

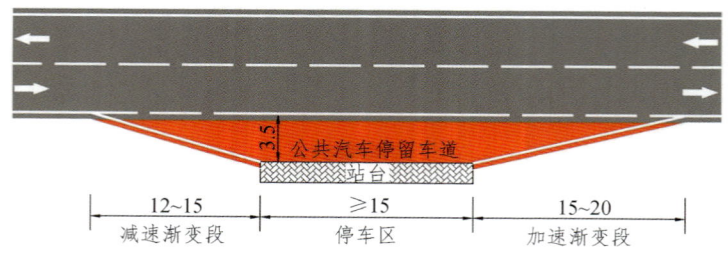

图 9.2.1　港湾式停靠站平面示例图（单位：cm）

3 公共汽车停靠站应设置车辆停靠与乘客候车等标志标线设施。

9.2.2 人口密集的乡镇，公共汽车停靠站应设置站台及雨棚等候车设施，如图 9.2.2 所示。

（a）实景图　　　　　　　（b）效果图

图 9.2.2　设置站台及雨棚等候车设施的公交站

9.3　路侧观景台

9.3.1 观景台应结合景点分布、地形地质条件、施工临时场地等灵活布设，长度及宽度根据现场情况确定，布置于公路两侧。区内停车区停车位不小于 10 个，空地宜采用花草草坪及散植、丛植灌木绿化。

9.3.2 车辆停靠道：平行于主路行车道，于路侧设置港湾式停靠车道，确保车辆停靠和旅客上下车安全。停靠车道长度至少满足 3~4 辆小车停靠，并不小于 20 m，宽度 3 m；位于平曲线时应按规定加宽，两端按渐变率 1/5 设置加宽渐变段。

9.3.3 观景台区的厕卫设施集中布设于靠山内侧及排水下游方向，设在离山外侧或填方区上时应与周围环境及景观相协调，并减小厕所建筑物对观景的阻挡。根据停车及观景时间、人数计算确定厕位数，采用环保型活动厕所，集中收集垃圾，避免就地排放。

9.4 自驾车露营地

9.4.1 在环境优美，自然条件较好的路段，配合大邑县旅游发展需要，可设置自驾车露营地。

9.4.2 营地选址应在背阴背风，远离地质灾害、山洪暴发、野生动物侵袭等危险区域。

9.4.3 自驾车露营地占地面积不小于 1 500 m²，每个自驾车营位面积不小于 50 m²，由停车位和帐篷位组成。

9.4.4 停车位应做地表生态硬化，标线清晰。

9.4.5 营区内配备厕卫和垃圾收集设施。

9.5 自行车骑游道

9.5.1 自行车骑游道的设置应符合下列设置原则：

1 规划有自行车绿道的乡村公路。
2 乡道及交通量较小的村道。
3 平原区及平均纵坡不大于4%的微丘区。

9.5.2 自行车骑游道宜设置于公路旁与行车道隔离,用地有限的地区可与公路合设,如图9.5.2所示。

(a)与公路合设的并行骑游道

(b)与公路分离的骑游道

图9.5.2

9.5.3 自行车骑游道宽度宜为2.5~3.5 m。

9.5.4 骑游道纵坡宜小于2.5%,最大不宜超过8%,当坡度大于等于2.5%时应按表9.5.4规定限制坡长。

表 9.5.4 绿道坡长设计一览表

类　型	纵坡坡度 i	限制坡长/m
自行车骑游道	$2.5\% \leqslant i < 3\%$	300
	$3\% \leqslant i < 3.5\%$	200
	$i \geqslant 3.5\%$	150

9.5.5 与公路合设的自行车骑游道路面可与公路相通，分离设置的自行车骑游道应适当减薄。

9.5.6 与公路合设的自行车骑游道应设置安全隔离设施。

1 绿道游径应设置与机动车道实现有效隔离的设施或标识，包括隔离绿带、隔离墩、护栏和交通标线。

2 隔离绿带宽度不宜小于 1 m。当绿道游径与机动车道隔离宽度小于 1 m 时，应设隔离墩或护栏作安全隔离，其形式应与周边环境相协调。

3 在无法设置硬质隔离的路段，绿道游径与机动车道之间必须设置交通标线，绿道游径与机动车道之间应采用白色实线分隔，禁止机动车压行绿道游径。

4 当运行车速为 50 km/h 的机动车道路不具备隔离绿带、隔离墩、护栏等隔离设施的设置条件时，绿道游径不得共板设置。

5 在宽度大于 3 m 的绿道游径入口处，应设置阻车桩，以阻止机动车驶入绿道游径。

9.5.7 骑游道铺装在满足使用强度的基础上，宜采用生态、经济的本地材料。铺装材料宜透水防滑，与周边环境相协调。

10 环保景观

10.1 环保与景观设计原则

10.1.1 乡村公路环保与景观设计应遵循自然优先、可持续发展、因地制宜和综合性原则,如图 10.1.1 所示。

图 10.1.1 自然优先因地制宜

10.1.2 公路景观设计不应以牺牲环境,破坏资源及生态为代价,要把人为设计的公路景观与公路穿越地区的自然景观进行多层次设计,尽可能减少能源、土地、水、生物资源的利用,提高使用效率。

10.1.3 鼓励利用废弃的工业材料,服务于新的功能。

10.2 公路环保设计

10.2.1 公路线位尽可能远离环境敏感点,选择设计最佳的环保线路。灵活运用技术指标,避免大填及深挖。

（a）大挖大填　　　　　（b）合理选择最佳环保线路

图 10.2.1

10.2.2 路基路面排水系统设计应充分考虑原有地形、地貌，尽量不破坏原有水系，尽量避让，若无法避让，应将原水流改道接顺，避免明显改变地表水径流机制。

10.2.3 桥梁选址及结构不明显压缩河流，不明显减少过水面积。

10.2.4 对开挖土石方量大的工程，除部分用于填筑路基外，废弃部分土、石方要进行妥善处理，不能就地乱堆乱放造成环境破坏。应选择农田耕地少、不易引起水土流失的山洼作弃土场，或结合乡镇的集市化改造进行地基的填筑。将废弃土运往填土场或基地统一堆放，用压路机分层碾压达到一定压实度，然后进行植树种草绿化，恢复生态环境，如图 10.2.4 所示。

（a）渣土乱弃　　　　　（b）统一堆放植草绿化

图 10.2.4

10.2.5 既有旧路改扩建工程，应充分利用旧路路面材料，旧路路面材料利用方案应经济、合理。

10.2.6 公路经过饮用水水源保护区及对水环境质量有较高要求的水体时，应符合以下规定：

1 公路线位应设置在饮用水水源保护区以外；

2 经过饮用水水源保护区时，应在驶入和驶出点设置警示标志牌；

3 在饮用水水源保护区内不得设置沥青混合料及混凝土搅拌站，不得堆放和倾倒任何含有害物质的材料或废物，不得在饮用水水源保护区内取土、弃土，破坏土壤植被；

4 经过饮用水水源保护区应执行现行国家标准《地表水环境质量标准》GB 3838 Ⅰ～Ⅱ类标准的水体，路面径流雨水排入该类水体之前应设置沉淀池处理；

5 公路桥梁跨越饮用水水源保护区应执行现行国家标准《地表水环境质量标准》GB 3838 Ⅰ～Ⅱ类标准的水体，桥面排水宜排至桥梁两端并设置沉淀池处理。

10.3 公路景观设计

10.3.1 公路景观设计应遵循"生态性、乡土性、多样性、经济性"的原则。

10.3.2 平原区乡村公路沿线景观宜与周边农业产业相结合，打造农业生态景观，如图 10.3.2 所示。

10.3.3 山区乡村公路沿线景观要"露、透"相结合，突出山区自然景观，如图 10.3.3 所示。

图 10.3.2 打造农业生态景观

(a) 近景好的要"露"　　　(b) 远景好的要"透"

图 10.3.3

10.3.4 尽量避免人造景观痕迹，除立交点宜塑造景观外，道路沿线一般以自然景观为主。

10.3.5 绿化栽植方式宜结合山势、地形、河流、湖泊景观成组成团进行栽植，不宜以成行成列的行道树方式进行栽植。

10.3.6 鼓励不同道路有符合地域特色的基调树种作为主体绿化。

10.3.7 交叉口、弯道内侧等有视距要求的区域避免种植较多乔木遮挡视线，保留孤石、种植散树，追求自然，如图10.3.7所示。

（a）种植散树　　　　　　（b）保留孤石、顽石

图 10.3.7

10.3.8 对于现状道路的行道树应进行适度修枝，确保道路向外的视线通透。

10.3.9 遗留的取、弃土场，应整平碾压，通过植树植草进行固土绿化。

附录 A 公路限界尺寸

表 A 公路限界尺寸表

公路等级	三级		四级		基本通行级	
设计速度/（km/h）	40	30	20		15	
W/m	7.00	6.50	6.00	3.50	6.00	3.50
L/m	0.50	0.25	0.00	0.25	0.00	0.25
E/m	0.50	0.25	0.00	0.25	0.00	0.25
B/m	8.00	7.00	6.00	4.00	6.00	4.00
H/m	4.50	4.50	4.50	4.50	4.50	4.50

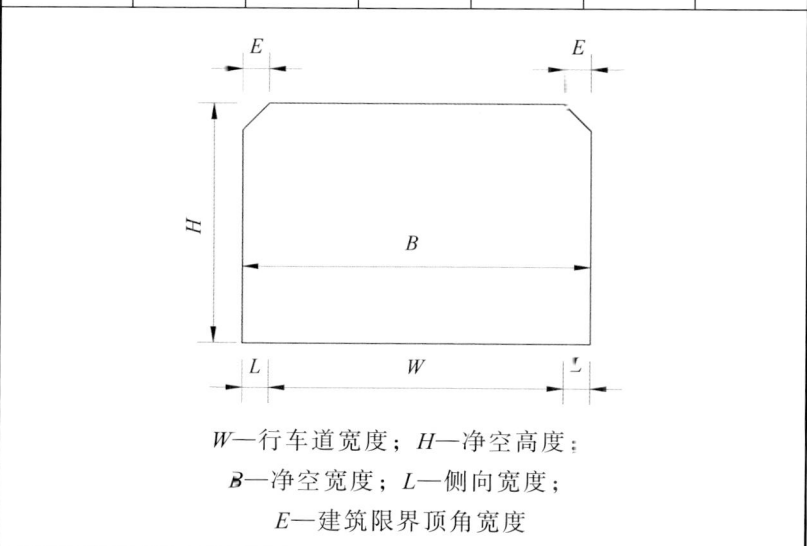

W—行车道宽度； H—净空高度；
B—净空宽度； L—侧向宽度；
E—建筑限界顶角宽度

附录 B 乡村公路路线设计技术指标

表 B 乡村公路路线设计技术指标表

设计速度/(km/h)				40	30	20	15
视距	停车视距/m			40	30	20	15
	会车视距/m			80	60	40	30
	超车视距/m	一般值		200	150	100	—
		最小值		150	100	70	—
圆曲线最小半径	设超高的圆曲线最小半径/m	最大超高	8%	60	30	15	—
			6%	60	35	15	15
			4%	65	40	20	15
	不设超高最小圆曲线半径/m	路拱≤2%		600	350	150	90
		路拱≥2%		800	450	200	120
回旋线最小长度/m				35	25	20	15
平曲线最小长度/m	一般值			200	150	100	50
	最小值			70	50	40	30
最大纵坡/%				7	8	9	10
最小坡长/m				100	80	60	40
最大坡长/m	坡度	3%		—	—	—	—
		4%		1 100	1 100	1 200	—
		5%		900	900	1 000	1 100
		6%		700	700	800	900
		7%		500	500	600	700
		8%		300	300	400	500
		9%		—	200	300	350
		10%		—	—	200	250
		11%		—	—	—	200
		12%		—	—	—	150

续表

竖曲线最小半径	凸型竖曲线最小半径/m	一般值	700	400	200	150
		极限值	450	250	100	80
	凹形竖曲线最小半径/m	一般值	700	400	200	150
		极限值	450	250	100	80
竖曲线最小长度/m			35	25	20	15
最大合成纵坡/%			10	10	10.5	11
回头曲线技术指标	圆曲线最小半径/m	回头曲线设计速度/(km/h)	35	40	—	—	—
			30	30	—	—	—
			25	—	20	—	—
			20	—	—	15	—
			10	—	—	—	10
	回旋线最小长度/m	回头曲线设计速度/(km/h)	35	35	—	—	—
			30	30	—	—	—
			25	—	25	—	—
			20	—	—	20	—
			10	—	—	—	15
	超高横坡/%	回头曲线设计速度/(km/h)	35	6	—	—	—
			30	6	—	—	—
			25	—	6	—	—
			20	—	—	6	—
			10	—	—	—	6

续表

回头曲线技术指标	路面加宽值/m	回头曲线设计速度/(km/h)	35	2.5	—	—	—
			30	2.5	—	—	—
			25	—	2.5	—	—
			20	—	—	3	—
			10	—	—	—	3
	最大纵坡/%	回头曲线设计速度/(km/h)	35	3.5	—	—	—
			30	3.5	—	—	—
			25	—	3.5	—	—
			20	—	—	4.5	—
			10	—	—	—	5.5

附录 C 平曲线加宽

表 C 平曲线加宽表

加宽类别	轴距/m	半径/m								
		250~200	<200~150	<150~100	<100~70	<70~50	<50~30	<30~25	<25~20	<20~15
1	5	0.4	0.6	0.8	1	1.2	1.4	1.8	2.2	2.5
2	8	0.6	0.7	0.9	1.2	1.5	2	—	—	—
3	5.2+8.8	0.8	1	1.5	2	2.5	—	—	—	—

注：

1 双车道四级、基本级公路及设计速度为 30 km/h 的三级公路，采用 1 类加宽值；

2 单车道路面加宽值按表中所列数值折半；

3 设计速度为 40 km/h 的三级公路应采用第 3 类加宽值，对不经常通行集装箱运输半挂车的道路，可采用第 2 类加宽值。

附录 D 技术指标运用要点参考

表 D 技术指标运用要点参考表

序号	指标名称	主/次	考虑因素 安全	考虑因素 美学视觉	强制性	灵活运用要点
1	最大直线长度	次		√	宜	放松或忽略
2	同向曲线间最小直线长度	次		√	宜	放松
3	反向曲线间最小直线长度	次	√	√	宜	放松
4	缓和曲线参数	主	√	√	应	半径大取小值
5	最小缓和曲线长度	主	√		应	不应突破
6	圆曲线一般最小半径	主	√	√	应	一般不应突破
7	圆曲线极限最小半径	主	√		应	不应突破
8	不设超高圆曲线半径	主		√	应	宜设超高
9	圆曲线超高	主	√		应	根据车辆组成和实际运行速度确定
10	超高过渡渐变率	主	√	√	必须	不应突破
11	圆曲线加宽	主	√	√	应	按规定加宽

续表

序号	指标名称	主/次	考虑因素 安全	考虑因素 美学视觉	强制性	灵活运用要点
12	平曲线长度	次	√	√	应	应满足
13	小于7度小偏角	次	√	√	应	一般应避免
14	最大纵坡	主	√	√	应	不应突破
15	最小纵坡	次			宜	可突破，处理好排水
16	缓和坡度	次	√		应	不应突破
17	坡长限制	主	√		应	一般不突破
18	平均纵坡	主	√		应	一般不突破
19	一般最小凸形竖曲线半径	主	√	√	应	一般不突破
20	一般最小凹形竖曲线半径	主	√	√	应	一般不突破
21	极限最小凸形竖曲线半径	主	√	√	应	不应突破
22	极限最小凹形竖曲线半径	主	√	√	应	不应突破
23	平纵组合	主	√	√	应	应考虑不利组合
24	视距要求	主	√	√	应	不应突破

附录 E 路基压实度

表 E 路基压实度表

路基部位		路床顶面以下深度/m	路基压实度/%	
			三、四级公路	基本通行级公路
上路床		0~0.3	≥94	≥93
下路床	轻、中及重交通荷载等级	0.3~0.8	≥94	≥93
	特重、极重交通荷载等级	0.3~1.2	—	—
上路堤	轻、中及重交通荷载等级	0.8~1.5	≥93	≥92
	特重、极重交通荷载等级	1.2~1.9	—	—
下路堤	轻、中及重交通荷载等级	>1.5	≥90	≥90
	特重、极重交通荷载等级	>1.9		

注：表列压实度系按现行行业标准《公路土工试验规程》JTG E40 重型击实试验所得最大干密度求得的压实度

附录 F 挖方边坡分级及坡率

表 F 挖方边坡分级及坡率表

土质挖方边坡分级及坡率			
土质	边坡分级及平台宽度		
	单级或一级边坡 ≤8 m	平台宽度	二级边坡 8~10 m
全、强风化泥岩、页岩、砂岩	1:1.5	≥2 m	
黏土、粉质黏土、粉土、砂土	1:1.75		1:2.0

岩质挖方边坡分级及坡率					
岩体结构	地层岩性	边坡分级及平台宽度			
		单级或一级高度及坡率	平台宽度	二级高度及坡率	
散体结构	弱风化泥岩、页岩、砂岩	≤8 m	1:1.25~1:1.5	≥2 m	8~15 m	1:1.5~1:1.75
	弱风化泥砂岩互层	≤8 m	1:1.0~1:1.25		8~15 m	1:1.25~1:1.5
块状结构	弱风化泥质粉砂岩	≤15 m	1:0.75~1:1			
	弱风化的硬质岩	≤15 m	1:0.5~1:0.75			

附录 G 案例介绍

"西控"背景下的公路建设必须紧紧围绕"持续优化生态功能空间布局,保持生态宜居的现代化田园城市形态"的核心。这与交通运输部提议落实生态保护和可持续发展战略一致,为广大乡村公路建设者更好地理解和掌握本导则,本节将"中国公路与自然环境相和谐的交通环保示范样板工程——川九公路"作为典型案例进行简要介绍。

G.1 项目背景及概况

G.1.1 川九公路全长 94 km(主线 89 km,连接线 5 km),二级公路标准,设计行车速度为 40 km/h,路基宽度 8.5 m,如图 G.1.1 所示。主线采用老路改造方案。

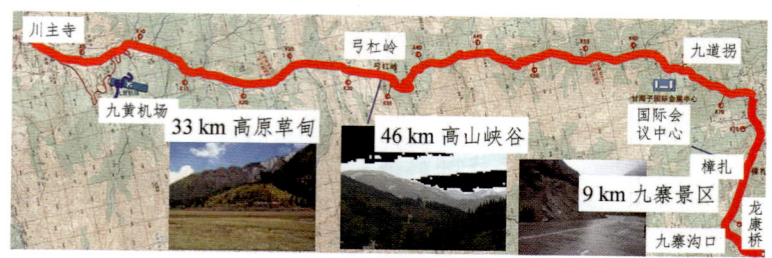

图 G.1.1 川九公路路线示例图

G.1.2 改造前的川九路标准低、病害多、路况差、与九寨沟旅游地位极不相称,如图 G.1.2 所示。

(a)

(二)

图 G.1.2 川九公路整治前示例图

G.2 总体及路线设计

一个确保（根本）：确保安全。

两个灵活（手段）：灵活运用标准、灵活选择指标。

三个协调（目的）：线形自身协调、与结构物的协调、与环境的协调。

G.2.1 一个确保。

确保安全：公路行驶车辆运行安全，公路结构自身安全。

解决方案：调整改善线形，如图 G.2.1 所示。

图 G.2.1-1 川九公路整治前示例图

（a）线形调整前效果　　　（b）线形调整后效果

图 G.2.1-2　川九公路整治后示例图

G.2.2 两个灵活：灵活运用标准，灵活运用指标。配合自然地理条件，最大限度达到三个协调，如图 G.2.2 所示。

（a）困难地段，适当降低技术指标　　（b）均匀纵坡　　（c）地形较好段，用较高设计指标

图 G.2.2　川九公路整治后示例图

G.2.3 三个协调：线形自身协调、与结构物的协调、与环境的协调。

1 线形自身协调，如图 G.2.3-1 所示。

（a）川九公路线形协调示例图　（b）川九公路改造前线形不协调示例图

图 G.2.3-1

2 与结构物的协调,如图 G.2.3-2 所示。

图 G.2.3-2　川九公路整治后与结构物相互协调示例图

3 与环境的协调,如图 G.2.3-3 所示。

1)"不破坏是最大的保护",新线将造成灾难性破坏,不追求人造景观,构造物少、圬工少,能隐就隐。

2)"营造动的氛围":配合、利用环境的形态、质地、色彩。

3)"营造势的氛围",保护自然界既有的势,公路借势得势。

图 G.2.3-3　川九公路整治后示例图

G.3　路基路面排水防护设计

G.3.1 采用多和综合措施处治病害,全方位体现环保、安全、舒适的有机结合，如图 G.3.1 所示。

（a）改造前　　　　　　　　　（b）改造后

图 G.3.1-1　川九公路改造前后对比示例图
（削坡绿化，处治边坡坍塌碎落）

（a）改造前　　　　　　　　　（b）改造后

图 G.3.1-2　川九公路改造前后对比示例图
（墙+削坡绿化，处治边坡坍塌碎落）

（a）改造前　　　　　　　　　（b）改造后

图 G.3.1-3　川九公路改造前后对比示例图
（拦渣墙及落石槽，被动拦挡边坡碎落）

（a）改造前　　　　　　　　（b）改造后

图 G.3.1-4　川九公路改造前后对比示例图
（铁丝网防护，处治边坡病害）

G.3.2 排水工程设置及类型选择体现安全、景观效果，如图 G.3.2 所示

（a）改造前　　　　　　　　（b）改造后

图 G.3.2-1　川九公路改造前后对比示例图
（矩形边沟加设多孔盖板，提高行车安全并具视觉增宽效果）

（a）改造前　　　　　　　　（b）改造后

图 G.3.2-2　川九公路改造前后对比示例图
（开阔地段，采用与路容配合协调的土质蝶形边沟，体现自然）

G.3.3 边坡防护绿化形式力求新颖,如图 G.3.3 所示。

(a)改造前　　　　　　　　(b)改造后

图 G.3.3-1　川九公路改造前后对比示例图(阶梯栏栅,防护绿化坡面)

(a)改造前　　　　　　　　(b)改造后

图 G.3.3-2　川九公路改造前后对比示例图(花池墙,防护绿化边坡)

G.3.4 边坡坡率选择以适应自然为原则,减少人工构造痕迹,如图 G.3.4 所示。

(a)改造前　　　　　　　　(b)改造后

图 G.3.4-1　川九公路改造前后对比示例图(配合地形,采用缓边坡)

（a）改造前　　　　　　　　（b）改造后

图 G.3.4-2　川九公路改造前后对比示例图（贴切自然，采用圆滑坡面）

（a）改造前　　　　　　　　（b）改造后

图 G.3.4-3　川九公路改造前后对比示例图
（稳定路段消坡处理，避免人工挡防工程）

（a）改造前　　　　　　　　（b）改造后

图 G.3.4-4　川九公路改造前后对比示例图
（深路堑，抵挡墙减少生硬高大的挡防结构）

G.3.5 多种种植方式并举，以生态绿化防护全面恢复边坡植被，如图 G.3.5 所示。

（a）改造前　　　　　　　　（b）改造后
图 G.3.5-1　川九公路改造前后对比示例图
（路堤及缓坡路段，直接种植）

（a）改造前　　　　　　　　（b）改造后
图 G.3.5-2　川九公路改造前后对比示例图
（较破碎低矮边坡，三维植被网种植）

（a）改造前　　　　　　　　（b）改造后
图 G.3.5-3　川九公路改造前后对比示例图
（高陡边坡，铁丝网加固三维植被网种植）

　　　　（a）改造前　　　　　　　　（b）改造后
　　　　图 G.3.5-4　川九公路改造前后对比示例图
　　（高陡边坡，主动防护网加三维植被网种植）

G.3.6　注重细节处理，造就舒适优美的路容环境，如图 G.3.6 所示。

　　　　（a）改造前　　　　　　　　（b）改造后
　　　　图 G.3.6-1　川九公路改造前后对比示例图
　　（清理整治百河河道，防止冲刷，营造动感环境）

　　　　（a）改造前　　　　　　　　（b）改造后
　　　　图 G.3.6-2　川九公路改造前后对比示例图
　　（对回头曲线上下间坡面进行修饰，改善视线，营造环境）

（a）改造前　　　　　　　　（b）改造后

图 G.3.6-3　川九公路改造前后对比示例图
（路堑挡防结构立面线形的改善）

（a）改造前　　　　　　　　（b）改造后

图 G.3.6-4　川九公路改造前后对比示例图
（路堑挡防结构的端部细节处理）

（a）改造前　　　　　　　　（b）改造后

图 G.3.6-5　川九公路改造前后对比示例图
（取土坑回填，并种植绿化）

G.4 交通工程设计

G.4.1 设置与旅游功能相匹配的设施,体现旅游公路特色,如图 G.4.1 所示。

图 G.4.1 设置体现旅游公路特色的交通安全设施

G.4.2 合理选用形式多样的结构类型,协调环境和景观,如图 G.4.2 所示。

图 G.4.2 与环境景观协调的结构类型

G.4.3 采取可靠的交通安全设施,确保公路行车安全,如图 G.4.3 所示。

图 G.4.3　设置可靠的交通安全设施

G.5　环境保护与景观设计

G.5.1　不同生态区域分段设计,营造"动感"生态旅游风景,如图 G.5.1 所示。

图 G.5.1　川九路沿线风景特色带分布示例图

G.5.2　遵循自然协调的原则绿化,再现自然本色,如图 G.5.2 所示。

（a）摒弃规则化的绿化　　　（b）适地适树地移植当地灌木

图 G.5.2　川九公路绿化示例图

G.5.3 "露、透、封、诱"相结合，构筑优美的环境景观，如图 G.5.3 所示。

（a）近景好的要露　　　　（b）远景好的要透

图 G.5.3-1　景观设计原则示例图

（a）改造前　　　　　　（b）改造后

图 G.5.3-2　川九公路绿化改造前后对比示例图
（景色不好的要通过绿化封）

（a）改造前　　　　　　　（b）改造后

图 G.5.3-3　川九公路绿化改造前后对比示例图
（景色不好又无法封的要诱开视线）

G.5.4　假借风格各异的路堑挡土墙装饰，丰富路容景观，如图 G.5.4 所示。

图 G.5.4-1 配合环境色彩的饰面装饰示例图

图 G.5.4-2　形态多变的镶面装饰示例图

G.5.5 引入园林绿化的小品设计,克服大色块景观的单调性,如图 G.5.5 所示。

图 G.5.5-1 点缀优美的园林景观案例示例图

图 G.5.5-2 回头曲线雅致的玩石案例示例图

图 G.5.5-3 边坡上自然裸露的孤石(自然景致)案例示例图

G.6　结语

　　川九公路沿线地处青藏高原边缘，谷坡陡峻，森林茂密。地质多为砾石土、块碎石和岩石。在工程实施中，路线处理上遵循"随弯就势、合理优化"的原则，在安全、舒适和环境之间寻找最佳平衡点；公路边坡、边沟的处理上遵循"形式多样、美观实用"的原则，努力创新，将公路融合到自然环境中；路面处理上则遵循"突出适应性、体现高标准"的原则，针对高原气候特点，采用低温抗裂性的 SBS 改性沥青；交通工程处理上遵循"保证安全、协调环境"的原则，设置了具有旅游特色的指路标志，观景点设置港湾式停靠站，弯坡道设置振动减速线；绿化处理上遵循"突出个性、自然协调"的原则，尽量减少人工栽植的痕迹，绿化景观上坚持"露、透、封、诱"相结合的理念，对施工区域的苗木、植被采取先移走再返栽等措施，避免了植被破坏和水土流失。

本标准用词说明

1 为便于在执行本导则条文时区别对待,对要求严格程度不同的用词说明如下:

1)表示很严格,非这样做不可的,正面词采用"必须";反面词采用"严禁"。

2)表示严格,在正常情况下均应这样做的,正面词采用"应";反面词采用"不应"或"不得"。

3)表示允许稍有选择,在条件许可时,首先应这样做的,正面词采用"宜"或"可";反面词采用"不宜"。

2 条文中指明应按其他有关标准执行的写法为:"应按……执行"或"应符合……规定"。

引用标准名录

1. 《道路交通标志标线》GB 5768
2. 《城市桥梁设计规范》CJJ 11
3. 《城市道路设计规范》CJJ 37
4. 《公路工程技术标准》JTG B01
5. 《公路环境保护设计规范》JTG B04
6. 《公路路基设计规范》JTG D30
7. 《公路水泥混凝土路面设计规范》JTG D40
8. 《公路沥青路面设计规范》JTG D50
9. 《公路桥涵设计通用规范》JTJ D60
10. 《公路圬工桥涵设计规范》JTG D61
11. 《公路钢筋混凝土及预应力混凝土桥涵设计规范》JTG D62
12. 《公路桥涵养护规范》JTG H11
13. 《公路桥梁抗震设计细则》JTG/T B02-01
14. 《公路桥涵施工技术规范》JTG/T F50
15. 《公路交通安全设计设计规范》JTG D81
16. 《四川省"四好农村路"建设技术指南》